Alban Stolz

Akazien-Zweig für die Freimaurer

Alban Stolz

Akazien-Zweig für die Freimaurer

ISBN/EAN: 9783743351394

Hergestellt in Europa, USA, Kanada, Australien, Japan

Cover: Foto ©ninafisch / pixelio.de

Weitere Bücher finden Sie auf **www.hansebooks.com**

Akazien-Zweig

für die

Freimaurer

von

Alban Stolz.

Matth. 15. Kap. 13. V.

Zweite Auflage
mit einigen Neuigkeiten.

Freiburg im Breisgau.
Herder'sche Verlagshandlung.
1863.

Da ich den Mörtel zurecht richtete, wußte ich natürlich im voraus, daß an allen Ecken Schreie der Entrüstung, eine wahre Katzenmusik darüber sich erheben werde. Nun ist es aber meine Gewohnheit nicht, durch badische Zeitungen und sonst aufgeklärte Federn mich scheu machen zu lassen. Sie sind gegenwärtig größtentheils von einer Qualität, daß ich es eher für einen Flecken halten würde von ihnen gelobt zu werden, als wenn sie meine Person zu beschimpfen suchen; ja wenn ich besonders ehrgeizig wäre, so würde ich mir etwas darauf zu gut thun, daß über Niemanden noch in badischen Zeitungen so viel gelästert worden ist, als über meine kleine Person. In ähnlichem Verhältnisse fühle ich mich auch zu deren Lesern. Wessen Verstand so arm und schwach ist, daß er z. B. das Geschwätz unserer gewöhnlichen Bierhauszeitungen mit Interesse liest und glaubt, und daß er als gelehriger Schuljunge ungefähr gerade so redet, wie er es in seiner Leibzeitung gedruckt gelesen hat, dessen Urtheil ist mir so unbedeutend, wie das Quaken eines Frosches. Für derartige Leute schreibe ich überhaupt nicht. Da aber das Freimaurerwesen ein für Kirche und Staat verderbliches Unkraut ist, so halte ich es für zweckmäßig, mit einer neuen Schrift dagegen Alle zu warnen, die gesunden Menschenverstand, Christenthum und ehrlichen guten Willen haben.

1. Naturgeschichte der Gegner.

Ich habe kaum zwei Artikel gelesen, welche aus Anlaß meines „Mörtels" gegen mich geschrieben worden sind, und womit die Verfasser ihren Brüdern, den unschuldigen Freimaurern, zu Hülfe kommen wollten. Jene Zeitungen nämlich, worin sie erschienen, lese ich überhaupt nicht, selbst wenn sie vor mir auf dem Tisch liegen, weil sie geistig und moralisch verlumpt sind. Wohl aber habe ich zuweilen in Gesellschaft von jenen Angriffen sprechen gehört. Darin scheinen sie alle übereinzukommen, daß sie nichts Wesentliches in meiner Schrift zu widerlegen wissen, sondern nur über dieselbe und über meine Person schimpfen. Ich bin mit meinem Namen aufgetreten, obschon ich wußte, daß ich mir dadurch den Zorn der Freimaurer und all' ihrer Brüder und Vettern zuziehen werde; die vielen Artikelschreiber schießen aber das Pulver ihrer Schmähungen sämmtlich aus dem Versteck der Anonymität. Es ist dieses von ihrer Seite ein unehrlicher, feiger Kampf, der allerdings ganz dem Freimaurerthum entspricht, zu dessen Charakter sich Ducken, Verstecken und Verhehlen gehört. Auch ist dieses ehrlose Verfahren, mit Namen genannte Persönlichkeiten aus dem Versteck anzugreifen, d. h. ohne daß der Verfasser seinen eigenen Namen der Gefahr der Oeffentlichkeit aussetzt, in unsern Tagblättern ganz allgemein geworden; es beweist dieses, daß ziemlich allgemein Mangel an Offenheit und strenger Ehrenhaftigkeit herrſcht und erinnert an das alte Branntweinfaß, wovon ich im „Mörtel" geſprochen habe. Verwunderlich iſt aber, daß ein großer Theil der Leſer ſolchen Artikeln ohne Namen zuverſichtlicher glaubt, als dem Evangelium, während ihnen doch die Zumuthung ſonderbar vorkäme, ſie ſollten einem Menſchen glauben, der hinter einem Vorhang ſich verbergend ihnen ohne Beweis allerlei vorſchwätzt. Es iſt ſehr leicht möglich, daß dieſer Menſch, der hinter den Spalten der Zeitung ſich verſteckt, ein unſittliches und in allen Beziehungen übelriechendes Subject iſt.

Nur ein Einziger meines Wiſſens hat eine Ausnahme gemacht, in ſofern er ſeinen Namen auf den Titel des trefflichen Werkes geſchrieben hat, womit er mich unſchädlich zu machen ſucht. Ich habe den Titel geleſen an dem Schaufenſter eines hieſigen Buchladens, hatte aber vorher ſchon Einiges von dem Inhalt erzählen gehört. Als es mir zuletzt auch in's Haus geſandt wurde, habe ich es ungeleſen wieder zurückgeſandt. Der Titel und was ich von dem Inhalt gehört hatte, veranlaßten mich dazu. Wenn ich nämlich an einem Menſchen vorübergehe, in deſſen Kopf es nicht ganz richtig iſt und der über mich ſchimpft, ſo werde ich nicht ſtehen bleiben um ihm zuzuhören, zumal wenn ich weiß, er werde eine halbe Stunde lang fortſchimpfen. Darum hatte ich auch keine Luſt, eine halbe Stunde mit dem Leſen dieſer Herbſtzeitloſe zu verderben *).

---

*) Anmerk. zur 2. Auflage. Ich höre, daß Manche obige Verſicherung nicht glauben. Solches kann nur bei Denjenigen

Wie kommt es nun, daß der Verfasser dieser Gegenschrift allein seinen Namen darauf setzt? In der Regel mögen ordentliche Männer, welche sich in die Freimaurerbude verlocken ließen, wenigstens nicht öffentlich sich als Freimaurer beklariren; ein etwas feineres Schamgefühl hält sie davon zurück. Meistens prahlen nur solche damit, daß sie Freimaurer seien, welche ganz unbedeutende Leute sind und doch um jeden Preis etwas Besonderes sein möchten. Da nun der Herr Jakob V. sich wahrscheinlich für nichts weniger als für unbedeutend halten wird, so mag die Kühnheit, mit seinem Namen aufzutreten, einen entgegengesetzten Grund haben. Wenn die Freimaurerei ihren Mitgliedern keine Ehre bringt, so vermeint vielleicht der Herr Jakob V. der Freimaurerei zur Ehre zu verhelfen, indem er sie durch seinen großen Namen vergoldet. Auch geschieht es gern, daß Persönlichkeiten, welche in frühern Zeiten sich zur Höhe eines öffentlichen Namens hinaufbeklamirt haben, später aber wieder allmählich in Verschollenheit zurücksinken, oft schon deßwegen laut sich räuspern, um die Welt nicht vergessen zu lassen, daß sie auch noch leben. Wir haben ja noch andere Exemplare dieser Art im Badischen. — Was dann insbesondere die Bezeichnung betrifft, daß mich der Herr Jakob V. auf dem Titel seinen „Bruder in Christo" nennt, so will ich annehmen, daß er den

---

der Fall sein, welche mit dem Lügen es nicht genau nehmen und von sich selbst einen Schluß auf Andere machen. Alle meine näheren Bekannten wissen, daß ich um keinen Preis einer überlegten vorsätzlichen Lüge mich schuldig mache.

Namen des Herrn nicht zum Spott mißbraucht, sondern daß es ihm Ernst ist mit diesem Namen. Dann wäre mir dieses ein Zeichen, daß er selber unter den Freimaurern nicht weit vorgerückt ist, sondern zu den „Angeführten" gehört; denn der wahre Freimaurer will und hat keinen Theil an dem wahren Christus; und einem Freimaurer kann ich als Katholik nur Bruder in Christus werden, wenn er aufhört Freimaurer zu sein — denn die Freimaurer sind von unserer Kirche excommunicirt. Der Heiland aber sagt ausdrücklich: „Wer die Kirche nicht hört, sei euch wie ein Heide". Der Apostel Johannes fordert sogar in seinem zweiten Briefe Vers 10 von den Gläubigen, daß sie einen solchen Menschen nicht einmal grüßen.

Ich habe im „Mörtel" gesagt, die Freimaurer seien heutigen Tages großentheils Männer, die auf ziemlich niederer Stufe der geistigen Bildung stehen. Als mein Schriftchen erschienen war, erfreuten mich einige Maurer mit Sendschreiben, deren Fassung recht hell meine Behauptung bestätigt. Ich bekam nämlich drei anonyme Briefe, alle drei mit dem Postzeichen „Freiburg", welche ich als Proben freimaurerischen Geistes und Scharfsinnes hier im Original abdrucken lasse.

a.

„Herr Alban Stolz!

Sie sind ein Esel!"

b.

„Freiburg den 29. August 1862.

Herr Professor

Sie haben in Ihrer neusten Schmähschrift „Mörtel" in Ihrer gewohnten Weise ehrenwerthe Männer beschimpft, denn daß es deren unter den Freimaurern genug gibt bin ich überzeugt, dessenohngeachtet, ziehen Sie dieselben der Unmoral ja der Liederlichkeit ich frage Sie nun aber, was treiben denn Ultramontane — Layen und andere — wie bezeichnen Sie dieses. Ihre Schmähungen über liberale Tendenzen welche in der trivialen Schrift „spanisches" bis zum Ekel enthalten sind. Mann kennt ja aus der Geschichte hinlänglich den Eigennutz, die Wortbrüchigkeit der Pfaffen, um über die modernen Heuchler und Ultramontanen unserer Tage nicht im Reinen zu sein. Ich rathe Ihnen daher mein frommer Herr Professor Ihre Expektorationen künftig zu mäßigen. Ihrem blinden Anhang über das Alles werden endlich auch die Augen aufgehen."

c.

„Brudergruß an Dr.
Alban Stolz
von einem Priester.
Oder der schwarze Freimaurer- (Orden) Mörtel
in
Freiburg.

Haltet einerlei Gesinnung untereinander.
Liebet einander mit brüderlicher Liebe.
Röm. XVI. 16, 20.

3. Die Correctur-Bogen dieser Broschüre an den Hochw. H. Adressanten zur gefälligen Einsicht

e. Heide.

Etwas Spanisches in deutscher Prosa."

―――――

Soweit diese Briefe; ich denke, sie werden keiner besonderen Erläuterung bedürfen. Uebrigens mögen die Verfasser dieser Briefe wohl zu den hellleuchtendsten der hiesigen Freimaurer gehören, indem ich es auf eine Wette ankommen lassen wollte, daß ein großer Theil der Brüder nicht einmal so orthographisch zu schreiben im Stande ist, wie der zweite dieser Schriftsteller. Der dritte scheint in betrunkenem Zustand seinen Brief geschrieben zu haben.

Nach dem Erscheinen des Akazienzweiges bekam ich abermals zwei Sendschreiben, der Schrift nach zu vermuthen von den Autoren der Nummer a und b.

Das erste lautet also:

"Herr Alban Stolz
Sie Sind zum zweitenmal ein Esel!!!!
Ein Freimaurer."

Das zweite:

"Herr!

Hat einer gesagt "Sie sind ein Esel", so sage ich auf Ihre letzte Schrift: "Sie sagen nicht ganz die Wahrheit; denn der Sailer hat auch gesagt: die Geistlichen sollen Allen trauen, als ihres Gleichen nicht. Darum traut Ihnen nicht

ein alter bäuerischer Freimaurer.

Beim Fitzlibutzli in der Höll.
1863."

Am Schluß setzt dieser vorgebliche Bauer noch eine Zote bei, welche abzudrucken der Anstand verbietet, aber vermuthen läßt, daß er nicht dem Bauernstand angehört, sondern einem Stande, bei welchem die badischen Freimaurer vorzugsweise ihre Rekruten finden mögen.

Da ich nun gerade am Briefverlesen bin, so will ich hier auch noch einen Brief entgegengesetzter Art mittheilen. Ich bekam denselben aus zweiter Hand; da der Verfasser meine Adresse nicht kannte, so schickte er ihn an den Redakteur eines conservativen Blattes in Preußen. Dieser sandte mir den Brief mit dem Bemerken, daß der Verfasser des Briefes damit umgehe, die Freimaurerei gänzlich aufzugeben.

„Hochgeehrter Herr!

Ihr Werkchen „Mörtel für Freimaurer" habe ich mit vielem Interesse gelesen und gestehe gerne, daß nicht allein ich, sondern auch noch einige meiner Ordensbrüder hiesiger Loge sich mit Ihrer darin ausgesprochenen Ansicht resp. Wahrheit einverstanden erklären.

Obwohl der allmächtige Baumeister aller Welten jedem Ordensbruder Ohren zum hören und Augen zum sehen verliehen hat, so können sie leider mit gesunden Ohren und Augen nicht hören und sehen. Das kommt daher, weil sie Freimaurer, d. h. Verblendete sind, ja sogar den Tod, Auferstehung und Himmelfahrt des Herrn durch künstlich herbeigeführten Forschungen leugnen!!! Die Freimaurer wollen freie Männer sein und sind doch größtentheils Satans Knechte!

Durch ihre sogenannten Weisheit werden sie so geblendet, daß das Herzens-Auge die ewige Weisheit und Wahrheit nicht erkennen kann! Deßhalb beklage ich es, daß Ihre Schrift für die verrannten Freimaurer nichts wirken wird, dahingegen für solche Leser, die noch nicht dem Orden beigetreten sind, kann und wird sie heilsam wirken, und das gebe Gott!

Ein Capitel und zwar ein sehr wichtiges fehlt Ihrer Schrift! Z. B. die Beantwortung der Frage: Wo steht die Wiege der künftigen Freimaurer? Als alter Meister und Beamter einer Loge will ich die Antwort beifügen.

Sehen Sie Sich einmal recht prüfend in einer rationellen, sehr gebildeten oder besser gesagt verbildeten Familie um, (nicht in einer Freimaurer-Familie) — wo die Kinder mit aller Sorgfalt in den schönen Künsten und Wissenschaften unterrichtet werden, wie sie in das sogenannte poetische Leben hineingeführt und zur höhern geistigen Bildung, als zu Schiller, Göthe, Lessing 2c. als die einzige Quelle der Bildung hinangetrieben und dann, so ausgerüstet als Staatsbürger ins Leben eingeführt werden, den Kopf voll, das Herz verarmt, von Gott entfremdet, von Gotteswillen, Christi Gnade und des hl. Geistes Wirkung **nichts** wissen — sehen Sie! das sind die Candidaten, die spätere Generation der Freimaurer.

Sie, verehrter Herr, werden diese Momente der Erziehung besser schildern können als ich armer Freimaurer und bitte ich nur bei der 2. Auflage diese Bemerkung nicht zu übersehen. Hierbei muß ich bemerken, daß der Herr Verleger nicht hinreichend für die Versendung gesorgt hat.

Beweis: Ein Ordensbruder, der kürzlich von einer längern Geschäftsreise zurückgekehrt, sagte, daß er in Leipzig, Halle, Magdeburg kein Exemplar dieser Schrift im Buchhandel habe auftreiben können! sie muß aber mehr verbreitet werden, der Verleger muß dafür sorgen *).

Schlüßlich füge ich noch bei, daß ich die Gegenschrift von Venedey ebenfalls gelesen habe, der aber Ihre Arbeit als Protestant, wenn er es noch ist? nicht verstanden hat oder nicht verstehen wollte; von einem solchen Geklaff darf man sich nicht beirren lassen.

Genehmigen Sie meinen hochachtungsvollen Gruß und herzlichen Dank für Ihre Arbeit.

Ein Freimaurer.

An den Verfasser der Schrift:
Mörtel für Freimaurer."

---

*) Es wundert uns nicht, daß der „Mörtel" in manchen Buchhandlungen vergebens gesucht wird. Dieß kommt aber nicht von mangelhafter Bekanntmachung und Versendung her, sondern davon, daß es die betreffenden Buchhandlungen nicht in ihrem Interesse finden, solche Schriften vorräthig zu halten.

Die Verlagshandlung.

2. Die Freimaurerische Gesetztafel.

Dieselbe ist in hiesiger Freimaurerloge angeklebt und auch sonst in den Häusern verbreitet worden. Dieses Meisterstück von Weisheit und Tugendlichkeit lautet also:

„Bete den großen Baumeister des Weltalls an. Liebe deinen Nächsten. Thue kein Böses. Thue Gutes. Laß die Menschen reden. Die dem großen Baumeister des Weltalls angenehmste Verehrung besteht in den guten Sitten und in der Ausübung aller Tugenden. Thue also das Gute aus Liebe zum Guten. Bewahre deine Seele stets in Reinheit, auf daß du würdig erscheinen kannst vor dem großen Baumeister, welcher GOTT ist. Liebe die Guten, beklage die Schwachen, fliehe die Bösen, aber hasse Niemand. Sei treu den Gesetzen des Staates, in dem du lebst. Sprich mäßig mit den Großen, klug mit deines Gleichen, aufrichtig mit deinen Freunden, sanft mit den Kleinen, liebevoll mit den Armen. Schmeichle nicht deinem Bruder, dieß ist ein Verrath. Wenn dein Bruder dir schmeichelt, fürchte, daß er dich besteche. Höre stets auf die Stimme deines Gewissens. Sei ein Vater der Armen. Achte den fremden Wanderer, hilf ihm; seine Person sei heilig für dich. Vermeide die Zwiste, verhüte die Beschimpfungen, handle stets so, daß das Recht auf deiner Seite bleibt. Achte die Frauen; mißbrauche niemals ihre Schwäche und stirb lieber, als sie zu entehren. Wenn der große Baumeister des Weltalls dir einen Sohn schenkt, so danke ihm, aber wache über das Gut, das er dir anvertraut hat; sei für deinen Sohn das Abbild der Gottheit; sorge, daß er bis zum zehnten Jahre dich fürchte, bis zum zwanzigsten Jahre dich liebe, bis zum Tode dich ehre. Bis zu zehn Jahren sei sein Herr, bis zu zwanzig Jahren sein Vater, bis zum Tode sein Freund. Bestrebe dich, ihm gute Grundsätze, eher als schöne Manieren zu geben; er verdanke dir eine aufgeklärte Biederkeit und nicht eine eitle Zierlichkeit; mache ihn lieber zum rechtschaffenen Mann, als zum geschickten Mann. Wenn du über deinen Stand erröthest, ist dieß Stolz; bedenke, daß nicht dein Gewerbe dich ehrt oder entwürdigt, sondern die Art und Weise, wie du es ausübst. Lies und benütze, sieh und ahme nach; überlege und arbeite; thue alles zum Nutzen der Menschheit; dieß heißt für dich selber arbeiten. Ergötze dich an der Gerechtigkeit; erzürne dich gegen die Unbilligkeit; leide ohne zu klagen. Beurtheile nicht leichtfertig die Handlungen der Menschen; dem großen Baumeister, welcher die Herzen erforscht, steht es allein zu, ihr Werk zu würdigen."

Diese Gesetztafel ist ganz eigentlich ein Schafspelz, womit sich das Pharisäerthum der Freimaurerei bedeckt, oder den es als Schürzlein umbindet. Schafspelz ist aber diese Gesetztafel nicht nur, weil damit der Welt weiß gemacht werden soll, die Freimaurer seien sehr tugendhafte Männer, sondern auch weil diese Gesetztafel duftet von feinem Unsinn. Wir wollen Einiges daraus erläutern:

Vor Allem ist in der ganzen Gesetztafel kein Ernst, sondern nur Gleißnerei; denn die Gesetztafel übertritt täppischer Weise selbst ihr Gesetz. Es heißt nämlich darin: „Sei treu den Gesetzen des Staates, in dem du lebst." Nun ist es ein ausdrückliches Gesetz in Baden und ganz Teutschland, daß nichts gedruckt und ausgegeben werden dürfe, ohne daß der Name der Druckerei und des Ortes beigesetzt ist. Auf der gedruckten Gesetztafel fehlt aber beides; wahrscheinlich hat sich der Drucker selber der Freimaurerei geschämt und darum mit Verletzung des Landesgesetzes und der Freimaurertafel seinen Namen hinweggelassen. — Dieselbe Heuchelei erwiesen die Freimaurer auch darin, daß sie eine geheime Verbindung bilden, während sie wissen, daß solche von den Gesetzen des Staates verboten ist; und diese verbotene Gesellschaft schreibt auf ihre Gesetztafel: „Sei treu den Gesetzen des Staates."

Daß es auch mit den andern Forderungen ebenso wenig ernstlich gemeint ist, zeigen schon die hohlen, verschwommenen Ausdrücke z. B. „Achte den fremden Wanderer, hilf ihm; seine Person sei dir heilig." Ich habe noch nie gehört, daß z. B. in Freiburg ein fremder Handwerksbursche von Meistern, die Freimaurer sind, besonders heilig gehalten worden sei. Ich habe auch nie gehört, daß sie Väter der Armen seien; wenn das wäre, so ist es Schade, daß nicht jeder Freimaurer an seinem Hause die Inschrift hat: „Hier wohnt ein Freimaurer", damit die Armen ihre Väter auch finden können. Ferner, wenn dem Freimaurer vorgeschrieben wird, er solle mit seinen Freunden aufrichtig sein; so ist damit angedeutet, daß er andern Leuten gegenüber die Aufrichtigkeit in Verschluß behalten soll. Und Letzteres scheint auch wirklich sorgfältig beobachtet zu werden, indem es keine Klasse von Menschen gibt, die mehr den Charakter von Unaufrichtigkeit und Verstecktheit an sich tragen, als die Freimaurer. Aber auch selbst das Gebot mit den Freunden aufrichtig zu sein, ist wieder reine Gleisnerei. Es ist ja dem Freimaurer durch seinen Eid ausdrücklich verboten, selbst gegen seine Frau oder gegen Freunde, welche nicht Freimaurer gleichen Grades sind, aufrichtig zu sein — er ist verpflichtet zu verhehlen, wie man auch ihm verhehlt.

Am kostbarsten ist der Unsinn mit dem Freimaurersohn. Bis zum zehnten Jahr soll der Freimaurer sich vom Sohn fürchten lassen; wenn aber dessen zehnter Geburtstag kommt, dann soll der Bube plötzlich auf=

hören den Vater zu fürchten, und soll ihn lieben und zwar gerade bis er in die Conscription kommt; hernach soll er die Liebe wieder fahren lassen und den Herrn Papa nur noch achten. Es ist aber nicht gesagt, wie man dieses pädagogische Kunststück zu Stand bringt, und wie es der Freimaurerpapa machen soll, wenn er mehr als einen Sohn hat, wie z. B. die Schwierigkeit zu überwinden ist, daß der Sohn von $9\frac{1}{2}$ Jahr den Vater nur fürchte, und der von $10\frac{1}{2}$ Jahr ihn nur liebe; er müßte nun jeden an einen besondern Tisch setzen und besonders traktiren, den einen alle Tage fürchten machen, den andern alle Tage zur Liebe aufweichen. Wenn er aber erst vier oder fünf Söhne hat, dann müßte der gute Bruder Freimaurer erst recht einen wahren Eiertanz aufführen zwischen seinen Söhnen. Auch hat die Gesetztafel nicht gesagt, wie es mit den Töchtern zu halten ist, ob diese den Vater nur bis zum achten oder bis zum neunten Jahr fürchten sollen, weil sie etwas früher sich entwickeln. Und in welche Positur soll denn die würdige Gemahlin sich setzen bei der trefflichen Erziehung? —

An einer andern Stelle heißt es: „**Thue alles zum Nutzen der Menschheit.**" Wenn aber der Stuhlmeister selbst ein Mann ohne Geschäft ist, der nichts arbeitet, sondern nur ißt und trinkt und spazieren geht, was thut denn der zum Nutzen der Menschheit? Und wenn die Freimaurer fleißig zusammensitzen und üppig essen und trinken — thun sie das Alles zum Nutzen der Menschheit? — Ferner heißt es: „**Lies und benütze, sieh und ahme nach; thue kein Böses.** Thue

Gutes." Dieses sind handgreiflich so leere Redensarten, daß jeder vernünftige Mensch sieht, daß hier kein Ernst ist, sondern daß es nur um Wortmacherei zu thun ist. Was ist denn gut vor den Augen eines Freimaurers? Auf jeden Fall „eine mit Champagner gefüllte Kanone und ein Ziegel mit Gansleberpastete belegt." Und bös ist, wenn er in Gant kommt.

Endlich ist an der Gesetztafel bemerkenswerth, daß selbst der Koran, das Religionsbuch der Türken, christlicher ist, als dieses Freimaurerevangelium. Im Koran ist doch noch von Jesus die Rede und zwar mit Ehrerbietung; hier aber steht kein Wort von Jesus Christus, während er doch ausdrücklich sagt: „Niemand kommt zum Vater, als durch mich" und: „Ohne mich könnt ihr nichts (Gottgefälliges) thun." — Darum muß es auch geradezu als geistiger Diebstahl bezeichnet werden, daß die wenigen Sätze der Gesetztafel, in welchen Vernunft ist, aus der heiligen Schrift genommen sind, und der Herr der heiligen Schrift gar nicht genannt wird.

Diese Gesetztafel kommt aber den Freimaurern und ihren Vettern sehr wohllautend vor. Es zeigt sich daher auch, wie es mit dem Verstand und dem Christenthum dieser verirrten und verworrenen Menschen aussieht.

3. Klassisches.

Die Freimaurer haben bekanntlich Köpfe so hell, wie Glaskugeln mit einem Licht dahinter; darum halten sie auch viel auf die Lichter der Nation, auf die Klassiker;

„simile simili gaudet". Wir wollen daher sehen, wie sich literarisch bedeutende Männer zu den hellleuchtenden Freimaurern verhalten haben. Den Vortritt soll haben der klassisch grobe Heinrich Voß, sonst so verstopft für katholischen Aether, als nur ein Freimaurer sein mag. Er schreibt also an seinen Pathen Mumsen, welcher Freimaurer war:

„Ehe Ihr mich über den dritten Grad hinaufführtet, war ich voll von Erwartungen, welche allein mir damals eine geheime Verbindung zu rechtfertigen schienen, von solchen, meine ich, welche die Freiheit des Menschen, die politische und moralische, betreffen... Man hat mich getäuscht. Die Hieroglyphe wird für den, der allgemeines Menschenglück ahnt, immer unerklärbarer und widersprechender... In eilf Jahren müßte ich doch wohl einige nähere Kenntniß von dem Innern, wo das Geheimniß sein soll, und von den unbekannten Wächtern desselben erfahren haben; aber noch jetzt weiß ich nur soviel, daß jene Acte, die ich bekannt machen mußte, um den Laien ein Vorurtheil für die Aechtheit unserer Sekte zu geben, nichts weiter als Possenspiel war, worüber selbst die sichtbaren Vorsteher in Berlin gelacht haben: ein Possenspiel wie andere für Beweis ausgegebene, wahre oder vorsätzlich erdichtete Nachrichten von Abstammung des Ordens aus Schweden, Schottland, dem Orden der Tempelherren, den eleusinischen Geheimnissen, der ägyptischen Hierarchie ꝛc. Wie kann ein Orden auf Wahrheit und Tugend ausgehen, der sich öffentliche Unredlichkeiten erlaubt, und dazu den Eifer eines redlich gesinnten, arglosen Jünglings mißbraucht?

Wie kann ein gutes Geheimniß in den Händen der Wächter sein, die sich und ihre Herkunft noch mehr als ihre Lehre verheimlichen; die nicht nach Geist und Rechtschaffenheit fragen, wenn sie Jemand näher zu sich berufen, sondern nach den Umständen, worin er lebt und nach der Hoffnung, die er gibt, diese Umstände zum Vortheil, d. h. zur Ausbreitung des Ordens zu nutzen; die von diesen Beförderten schamlos verlangen, daß man zu wissen vorgebe, was man nicht weiß; die es nicht als edle Gesinnung, als ächte Ordensarbeit belohnen, wenn Jemand dieß Anmuthen ablehnt, sondern ihn mit Kälte und Drohungen strafen, und gleichwohl diesen so gut als ausgeschlossenen Redlichen, der nicht aus blindem Gehorsam lügen wollte, noch immer als Anhänger des Ordens mitnennen, wenn Jemand angelockt werden soll!... Ich weiß auch nicht, was man zur Entschuldigung des Ordens anführen kann, daß er so manchen schlecht und recht lebenden fleißigen Bürger, den die windige Prahlerei von Glückseligkeit für dieses und jenes Leben oder der eitle Stolz, unter seines Gleichen etwas Außerordentliches vorzustellen, angelockt hat, zu Müßiggang, albernen Ceremonien und, weil ihre wahre Deutung nur wenigen Brauchbaren geoffenbart wird, zur stupidesten Schwärmerei verführt, und sich diesen edlen Unterricht so theuer bezahlen läßt, daß oft Frau und Kinder deßhalb darben müssen"....

„Frage Dich mit dem ernsten Gedanken an Gottes Gericht, wer die Obern sind, die, selbst Dir noch unbekannt, an der Spitze des Ordens stehen, und was für Zwecke die Menschen, die sich solche Mittel erlauben, mit uns haben können? Schon vor Jahren setzte Dich mein Einwurf in Verlegenheit, wie ein Orden, der sich frei nennt, die entsetzlichste Unterjochung des Geistes zum Grundgesetz annehmen konnte. Man muß sehr verblendet sein, um nicht bald zu entdecken, daß solche Grundsätze auf Hierarchie, die schrecklichste aller Tyranneien abzwecken. Und worauf gründet man diese Ansprüche auf sklavische Unterwerfung? Wer sind die Leute, denen wir blindlings nachtappen in Finsternisse, wo auch nicht das schwächste Schimmerchen leuchtet?.. Wozu eine geheime, mit so scheußlichen Schwüren befestigte Verbindung; und wozu die vielen Symbole, die immer vermehrt werden, je weiter man kommt, und die nur durch willkürliche Deutungen einen moralischen Sinn erhalten, als wenn ich das Chaos auf meinem Schreibpulte moralisch erklären wollte? Hat das sklavische Entblößen, und daß man blindlings *) nicht bloß ankommt, sondern die symbolische Reise thut, gar keine Bedeutung? Wem verspricht man blinden Gehorsam?"

Ueberhaupt ist merkwürdig, wie alle tüchtigere Geister der teutschen Nation, wenn sie sich vorerst locken ließen bei den Freimaurern einzutreten, später wieder ausgetreten sind. Manche haben zuerst ihr schriftstellerisches Talent und Gewicht dem Freimaurer-Orden gewidmet, d. h. zu ihrer Verherrlichung geschrieben, so z. B. Lessing, Göthe, Feßler, Fichte, Herder, Krause; als sie aber des „Pudels Kern" mehr kennen gelernt

---

*) Mit verbundenen Augen bei der Aufnahme in die Loge.

hatten, haben sie die Freimaurerbude verlassen. Und doch war damals die Freimaurerei noch nicht geistig so herabgesunken, wie jetzt. Krause, der einige Bücher für die Freimaurerei geschrieben hatte, z. B. sagt selbst, es sei dafür gesorgt, daß kein Bruder der niedern Grade die Wahrheit unverschleiert erfahre. Man lasse es aber nicht bei vorsichtigem Schweigen bewenden, sondern man gebe mit ernster Miene für historische Wahrheit absichtliche Erdichtungen aus, die oft eben so schlau als abgeschmackt seien.

Um noch eine früher in hiesiger Stadt sehr bekannte Persönlichkeit anzuführen, der verstorbene Oberst von Greiffenegg war in die höhern Grade aufgenommen und Meister vom Stuhl. Mit zunehmender Kenntniß des Freimaurerwesens nahm auch seine Verachtung gegen dasselbe zu. Er trat aus und schrieb eine kleine Schrift mit dem Titel: „Logen-Bilder, ein satyrisches Freimaurer-Quodlibet oder Manchem ein quod non libet." Mit vieler Sachkenntniß wird hier die Freimaurerei durch Bild und Vers gleichsam ausgeklopft. Das Mildeste noch in dem Büchlein ist der gute Rath, welchen Greiffenegg in dem Lied des erleuchteten Maurers gibt. Es heißt also:

Entschlüpft den ascetischen Hüllen,
Ihr Brüder der künstlichen Nacht,
Verschwunden sind längst die Sibyllen
Mit ihrer dämonischen Macht;
Wozu jetzt noch neunfache Lichter,
wo hellere Sonne uns scheint,
wozu die ägypt'schen Gesichter,
wenn herzlich uns Freundschaft vereint?

Was soll all' das Prangen mit Graben?
wenn keiner uns leitet vom Ort,
Wozu das Geheimniß? Verrathen
ist längst ja schon Zeichen und Wort, —
Drum leget den Senkel, den Hammer,
legt Schurzfell und Schürze bei Seit',
und kehret aus finsterer Kammer
der Todten zurücke zur Freud!

Was kann der erschlagene Meister,
und käm er auch heute zurück
aus jenen Gefilden der Geister,
Euch bringen für Heil und für Glück?
Was frommen euch Särge und Bahren?
Gerippe von Greis und von Kind?
Laßt ruhen, laßt schlafen, die waren,
und freut euch mit denen, die sind.

Doch Freude kennt keine Systeme —
und keinen symbolischen Rang —
Drum fort mit dem Band Diademe —
fort mit ritualischem Zwang.
Laßt Pulver, und laßt die Kanonen
Kanonen und Pulver nur sein —
und trinket hier — nicht aus Kanonen,
Aus Römern trinkt rheinischen Wein.

Auf, Meister, Gesellen und Jungen,
Und Ritter von jeglichem Grad',
Ich hab' Euch ein Liedchen gesungen,
wie schwerlich schon Einer es that,
folgt meinem erleuchteten Rufe —
dann werdet ihr frei erst und gleich,
und stehet auf oberster Stufe
Im tausendjährigen Reich!

Das Wesen der Freimaurerei ist von der Art, daß wenn ein Mann von gesundem Verstand und Charakter sich belügen hat lassen — dieß kann oft dem besten Menschen geschehen — und sich bei den Freimaurern aufnehmen ließ, so bekommt er nachher früher oder später Reue, daß er diese kostspieligen Läppereien mitzumachen sich verpflichtet habe. Nur haben die Meisten nicht den Muth aufzukünden und dem sanften Haß und den humanen Verläsierungen von Seite der Freimaurer sich zu unterziehen. Insbesondere aber scheuen sich Gewerbsleute auszutreten, weil sie hoffen im Geschäft dadurch gefördert zu werden, weil sie das schwere Aufnahmsgeld nicht umsonst mögen ausgelegt haben, und weil ihnen wegen ihres Austritts von ihren ehemaligen Brüdern möglichst das Wasser abgegraben würde.

4. Der Pferdfuß.

Es fallt Manchem auf, wie auch solche Katholiken Freimaurer sein mögen, welche noch in die Kirche gehen und selbst die hl. Sakramente empfangen. Die Sache kommt daher, weil den Anfängern, den Brüdern in den niedern Graden gesagt wird, es könne jeder seine Religion beibehalten. Alle verehrten den großen Weltenbaumeister, Alle seien vereinigt in der Menschenliebe; möge dann sonst Jeder noch glauben, was er wolle. Allein die Freimaurer haben tugendliche Statuten, deren schöne, edelsinnige Redensarten für Fürsten, Regierungen und einfältige Brüder der niedern Grade berechnet sind, wie z. B. die Freimaurerische Gesetztafel. Und sie haben geheime Statuten, welche andere Grundsätze enthalten und nur denen mitgetheilt werden, welche nahezu oder schon ganz mit dem Christenthum fertig sind.

Aber auch in den niedern Graden bläst schon ein erkältender Wind; und Glaube, Christenthum, insbesondere katholisches Christenthum gedeiht in der Freimaurerbude wie ein Citronenbäumchen, wenn man es in einen Eiskeller stellt. Daß die Freimaurerei darauf lossteuert, das wahre Christenthum vorsichtig und langsam zu unterwühlen, darüber will ich nicht bloß Behauptungen ohne Beweise bringen, wie es die Freimaurer-Zeitungen in ihrem Interesse machen, sondern Zeugnisse von Freimaurern selbst.

Das Wiener Journal für Freimaurer Jahrg. II. 2. Heft sagt wörtlich: „Die falsche Religion, die dem Menschen in Moscheen, Synagogen und Kirchen so ängstlich aufgedrungen wird — was ist sie anders, als Popen-, Imans-, Pfaffen- und Rabbinerspiel?" Also vor dem ächten Freimaurer ist eine Religion so schlecht wie die andere und lauter Trug.

Der berüchtigte Johannes Ronge hatte sich schon im Jahr 1846 in der Hamburger Judenloge zu den drei Nesseln aufnehmen lassen. Was der katholische Priester, welcher sich bei Freimaurern aufnehmen läßt, für eine Religion haben müsse, hat Ronge vor aller Welt gezeigt. Deßgleichen gehört der Christenthumvertilger Uhlich, ferner Dowiat und Robert Blum dazu. Der Vorstand der Rongeaner in Berlin, Jochmus-Müller, schreibt in seiner Kirchenreform also: „Daß die Freimaurerei einen günstigen Einfluß auf die Entwicklung des Deutsch-Katholicismus ausgeübt hat, daß ihr aus derselben wackere Mitglieder gewonnen sind, und daß aus der Uebereinstimmung der religiösen Grundsätze von beiden Seiten kein Hehl gemacht wird, ist Jedermann bekannt. **Ein freies wahres Heidenthum steht uns näher, als ein engherziges Christenthum.**" Bekanntlich läugnet die neue Sekte der sogenannten „freien Gemeinden" nicht nur die Gottheit Christi, sondern manche dieser Gemeinden steht nicht weit ab von vollständiger Gottesläugnung. Ein Prediger dieser Gemeinde und zugleich Freimaurer, Namens Giese, erklärt in der Berliner Allg. Kirchenzeitung (Jahrgang 1847): „Die Ideen der freien Gemeinden seien eine Art popularisirten Freimaurer-Bundes."

Im vierten Band der Freimaurer-Zeitschrift Latomia heißt es: „**Der Protestantismus ist in religiöser Beziehung nur halb, was die Freimaurerei ganz ist.**" Das Halbe besteht darin, daß der Protestantismus manche Glaubenswahrheiten der katholischen Kirche weggeworfen hat, andere aber noch beibehält; das Ganze aber besteht darin, daß die Freimaurerei in ihrem tiefern Princip alle geoffenbarte Wahrheit wegwirft. Darum wird bei den Freimaurern Christus nie genannt, weder im Eid noch im Gebet; deßwegen zählen die Maurer nicht nach Christi Geburt, sondern wie die Juden nach Erschaffung der Welt; darum ist auch kein christliches Symbol darin.

Man könnte nun sagen: es ist doch in vielen Freimaurerlogen eine Bibel aufgelegt. Nun mit der Bibel verhält es sich, wie mit dem Schwert, das auch in vielen Logen dabei liegt. Wie das Schwert nur eine Spielerei ist und niemals damit gekämpft oder Blut vergossen wird, so ist auch die Bibel für die Freimaurer eine Spielerei und kein Ernst dabei. Wir wollen einen Freimaurer selbst darüber hören, den Rede-Meister oder Großredner Marbach in der Loge Balduin zu Leipzig. Es war demselben zum Vorwurf gemacht worden, daß er so viele Bibelstellen in seine Reden aufnehme. Darüber nun deklamirt derselbe also: „Ich höre in dem Herzen dieses oder jenes Bruders das zweifelnde Wort: wo bleibt der Ruhm der Freimaurerei, daß sie nicht sehe auf den Unterschied des Glaubens und schlage mit dem Brudernamen zusammen Christ und Jude, Heide und Mohammedaner, alles was Mensch ist: indem wir an die Bibel verwiesen werden? — O meine Brüder, wollt ihr euch beschämen lassen von euern mohammedanischen Brüdern, welche auf ihrem Altar nicht den Koran liegen haben, sondern die Bibel? — Ich sage euch, so ein Heide kommt oder ein Muselmann und nimmt Anstoß an dem Bibelwort, das an diesem Ort erschallt, um anzubeten Gott in Geist und Wahrheit, so ist er kein Freimaurer, und mag er sich zehnmal durch Zeichen, Wort und Griff zu erkennen geben. Und aber sage ich euch auch: so ein Christ kommt in diese Hallen und tadelt euch um eines Wortes aus dem Koran oder aus Sophokles oder aus Göthe, das ihr braucht um Gott anzubeten im Großen, in der Wahrheit, so ist er kein Freimaurer."

Das ist doch deutlich genug; der Freimaurer hat also die Bibel anzusehen, wie sie etwa der Türke an=

sehen mag; und ein hübscher Vers aus Sophokles oder Göthe ist so viel werth als ein Bibelvers.

Kürzlich kamen in Berlin einige (als Manuscript) gedruckte Blätter „Zeichen der Zeit" heraus und zwar von einem Freimaurer selbst, der bisher zu den Wohlmeinenden und Harmlosen gehörte, und dem allmählich die Augen aufgehen. Er sagt unter Anderm:

„In Neapel ist das Verhalten der Offiziere in der letzten Revolution denen unerklärlich, die den Freimaurerbund nicht verstehen. Dort waren alle Offiziere durch doppelte Eide gebunden. Sie mußten den Ordens-Obern gehorchen oder hatten den sichern Tod durch den Dolch zu fürchten, selbst auf offener Straße, wobei der Thäter immer durch die Sicherheitsmacht der nahen Ordensgenossen entkommt; wegen des Meineids gegen den Fürsten hat man die neumodischen Amnestien. — In Preußen sind sehr wenige adelige Offiziere der Linie in den Logen und darin ein Hauptgrund der Anfeindungen dieses Standes.

„Der berühmte hochstehende preußische Freimaurer Baron von Kottwitz hat dem hochseligen Könige Friedrich Wilhelm III. die schwersten Klagen gegen den Freimaurerbund 1834 eingereicht: „Daß seit länger als 50 Jahren die Wortführer in Schulen und Kirchen und im gesammten Staate aus den Logen hervorgegangen, — daß der tief in die Macht der Ideenwelt eingreifende Impuls des Freimaurer=Ordens zunächst die Zerstörung der religiösen Grundfesten unsers Staatslebens zum Ziele habe, — daß dieser verbrecherische Impuls Schule und Leben mächtig durchbringe, — daß diesem verbrecherischen Blendwerk der **Weihestempel** amtlicher Autorität und höherer Willensmeinung aufgedrückt, der Schrei der religiösen Gewissen zur Ruhe dekretirt und so dieser unselige Bestand gesichert worden sei, — daß die jetzt (seit 1830) vor Augen stehenden Zerwürfnisse, Gräuel ꝛc. ꝛc. zunächst der Freimaurerei beizumessen seien."

„Ueberhört nicht meine Warnung in dieser bedenklichen Zeit. Es ist keineswegs die Rede von lächerlichen Verleumdungen, an welche nur die Dummheit noch glaubt, sondern von einem frechen, unerhörten Betrug, der das Heiligste mißbraucht. Nicht mehr im Finstern schleichen die Frevler, sie treten auf, als wären sie unsere Brüder, und brüsten sich mit dem Schutze und der Genossenschaft deutscher Fürsten.

„Während keine christliche Loge den Juden mehr unzugänglich ist, bestehen Judenlogen, wo jedem Nichtjuden die Aufnahme unbedingt versagt ist. In London, wo bekanntlich der eigentliche Focus der Revolution unter dem Großmeister Palmerston, bestehen zwei Judenlogen, wo nie ein Christ Aufnahme findet, nicht einmal über die Schwelle gelassen wird. Dorthinein aber münden die Fäden aller revolutionären Elemente, die in christlichen Logen sind. Eine solche Judenloge ist jetzt zu Rom „das höchste Revolutions-Tribunal". Von dort aus werden die andern Logen — als „von geheimen Obern" — dirigirt, so daß die meisten christlichen Revolutionäre blinde Puppen von Juden sind durch Hülfe der Geheimthuerei, indem der Vorwand, daß in der

Loge alles geheim sei, der eigentliche Hebel ist, wodurch die „wissenden Brüder" den Bund selber nach Belieben handhaben können. — In Leipzig ist zur Meßzeit jedesmal eine geheime Judenloge permanent, welche sich merkwürdiger Weise nie einem christlichen Maurer öffnet. Und darüber gehen manchen aus uns die Augen auf, aber die Macht des Geheimnisses und des Schwures, wie auch die Uebung, daß ein Maurer eines Grades nie über Sachen seines Arbeitsfeldes mit einem Maurer des andern Grades — „nicht einmal pantomimisch", wie es im Schwure heißt — sprechen darf, erhält jeden Genossen des Bundes wie im düstern Keller, wobei man sich gehoben und geschoben weiß, aber ohne seine Geisteskräfte anders, als wie gebannt und verstrickt, zu gebrauchen."

Wenn aber Juden ebenso gut wie Christen in der Loge Aufnahme finden, und in der Loge doch gebetet und „religiös" gesungen wird: so muß auf jeden Fall Christus ausgeschlossen sein; denn der Jude erträgt ihn nicht. Allerdings ist der Jude, welcher Freimaurer wird, auch von seiner Religion abgefallen, und insofern dem Christen, der sich in einen ächten Freimaurer verwandelt hat, im Glauben ebenbürtig. Es mag deßhalb nicht ohne Bedeutung sein, daß in Basel die Freimaurer ihre Zusammenkunft gewöhnlich in der Nacht vom Samstag auf den Sonntag halten. Die ehemaligen Christen unter ihnen zeigen dadurch schon ihren Vorsatz am Sonntag nicht · in die Kirche zu gehen; sie müssen ausschlafen; und wenn Juden dabei sind, so halten sie auf diese Art ihren Sabbath in der Freimaurerbude und singen hier dem Weltenbaumeister Freimaurerlieder, statt Jehova in der Synagoge zu verehren.

Auch darin mag man die Natur der Freimaurerei erkennen, daß besonders gern solche Männer ihr beitreten, welche religiös verkommen sind. Was aber den Umstand betrifft, daß vorzugsweise unreligiöse Männer nach Freimaurerei gelüsten, so hat man diesen Vorwurf mit dem andern Vorwurf lahm legen wollen, in der katholischen Kirche habe es auch schon grundschlechte Menschen im Ueberfluß gegeben. Allein der große Unterschied besteht darin, daß der Bösewicht, welcher zugleich Katholik ist, in die katholische Kirche nicht durch freie Wahl, sondern durch die Taufe als unmündiges Kind aufgenommen worden ist. Er zeigt aber gerade durch seinen Wandel, daß er innerlich von der katholischen Kirche abgefallen ist; er findet es nicht der Mühe werth äußerlich seinen Austritt zu erklären, würde aber gewiß nicht erst katholisch werden, wenn er einer andern Confession angehörte. Hingegen Freimaurer wird man erst im Mannesalter, also mit vollem Bewußtsein und Willensentscheidung. Wenn also z. B. der Hochverräther oder sonst ein gewissenloser Mensch Freimaurer wird und bleibt, so muß er in der Freimaurerei etwas finden, was ihm behagt, ihn wenigstens nicht stört. Ich will einige Beispiele anführen:

Im Jahr 1795 hatte sich über ganz Oesterreich eine hochverrätherische Verschwörung verbreitet. Die drei Häupter davon waren Brandstetter, Hebenstreit und Hakel. Alle drei wurden gehenkt und alle drei waren Freimaurer. — Nun, an den Früchten erkennt man den Baum.

Der Großmeister Hobiz war ein abscheulicher Wüstling, welcher auf seinen Gütern in Mähren geradezu die Greuel des Heidenthums aufführte, wozu sich die Söhne und Töchter seiner leibeigenen Bauern in adamitischer Gestalt hergeben mußten. Er hielt ganz öffentlich ein Harem wie ein Türke bis an sein End, obschon er über 70 Jahre alt wurde. Und gerade dieser lasterhafte Mann gründete in Wien den Freimaurerorden *).

Die Feinde der katholischen Kirche nennen die entschiedenen Katholiken Ultramontane und wollen damit den Vorwurf aussprechen, der Katholik sei kein guter Patriot, er gehöre nicht ausschließlich dem Vaterland an, sondern nehme auch Rücksicht auf den Papst über den Bergen drüben. Nun, jeder wahre Katholik geht mit seinen Rücksichten noch viel weiter als bloß über die Berge, er geht bis über die Sterne, in den Himmel zu Gott; denn wer an ein ewiges Leben glaubt, der wird ein Stück Erde, wo er vielleicht ohnedieß genug malträtirt wird, nicht für das Allerhöchste ansehen und als seine Gottheit anbeten. Wenn sonach der Katholik, oder wie ihr ihn heißt: der Ultramontan, noch etwas Höheres kennt und beachtet, als nur das Revier, wo er seine Steuern zu zahlen hat; so hindert ihn dieses im geringsten nicht,

---

*) Siehe die eben in 2. Auflage erschienene Schrift: „Die Frage der staatlichen Anerkennung des Freimaurer-Ordens in Oesterreich, von Ekert." Wien, bei Mayer.

seine Pflichten gegen das Vaterland zu erfüllen, sondern
bestärkt ihn noch darin, eben weil jeder wahre Ultra=
montan ein guter Christ ist und sich bestrebt, den Vor=
schriften des Evangeliums nachzukommen. Wer hat
schon größere Liebe und Treue zum Vaterland gezeigt,
als gerade die, welche man zu den ärgsten Ultramon=
tanen zählt, die Spanier, Tyroler, und die katholischen
Urkantone der Schweiz? Betrachten wir anderseits, was
denn die Maurer für gute Patrioten sind. Solches
zeigte sich z. B. im siebenjährigen Krieg; ein österreichi=
scher Fürst trat um jene Zeit in den durch Staatsgesetze
verbotenen Freimaurerorden; derselbe Fürst zeichnete sich
aber in dem sonst sittlichen Regentenhaus Oesterreichs
nicht nur durch Ehebruch aus, sondern auch dadurch, daß
er dem feindlichen Heer Fütterung und Mehl verkaufte.

Als ferner im Jahr 1809 die Franzosen Wien in
die Gewalt bekamen, benützten die Freimaurer in Wien
die so schöne Gelegenheit, um sich mit dem Großorient
in Paris in Verbindung zu setzen und sich ihm zu un=
terwerfen.

Im Jahr 1806 haben die preußischen Maurer,
während ihr Vaterland elend von den Franzosen unter=
drückt und mißhandelt wurde, die Freimaurer in der
Armee des Napoleon als ihre Brüder mit offenen Armen
aufgenommen. Man hat deßhalb mehrfach den Ver=
dacht gehabt, daß die preußischen Freimaurer durch Ver=
rath den Franzosen in's Land geholfen haben.

Als in neuerer Zeit hauptsächlich durch die Hetzreden
von dem Freimaurer Kossuth ganz Ungarn in offene
Rebellion gegen ihren rechtmäßigen König ausbrach, be=

eilten sich seine Brüder ihre Gesinnung alsbald an den Tag zu legen; sie nannten von nun an ihre Loge in Ungarn: „Kossuth zur aufgehenden Morgenröthe."

Man kann aber nirgends größere Unterthänigkeit und Schmeichelei gegen Fürsten finden, als in den Liedern und Reden der Freimaurer. Dieß gehört zu ihrer Mannestugend und ihrer Ehrlichkeit. Sie sind gewöhnt, ihre Schürzlein nach dem Wind zu drehen.

Aber auch solche Freimaurer, welche in dem Wahne leben, ihre Verbindung sei durchaus löblich und habe Tugend und besonders Wohlthätigkeit zum Zweck, gerathen in ein heilloses Pharisäerthum. Sie hören und halten etwa auch schöne Reden vollgepfropft von tugendlichen Redensarten, worin sie sich selber lichthell, heilig und selig preisen. Insbesondere ist ihr Geschwätz von Humanität so ungesund, wie Kartoffelschnaps. Als die Franzosen im Jahr 89 das Christenthum abgeworfen hatten und nur noch von Vernunft und Menschenrechten deklamirten, sind sie blutdürstige Teufel geworden, wie es noch nie ärgere gegeben hat. — Und gerade die Freimaurer haben sich bei dieser Revolution betheiligt, wie selbst das Staatslexikon von Rotteck und Welker zugesteht. Würden die Freimaurer den geringsten Ernst machen mit einem tugendhaften Streben, so würden sie bald inne werden, daß es bei ihnen am wenigsten geht. Denn der Mensch ist von Natur aus zum Bösen geneigt; er kann aus eigener Kraft kein gottgefälliges Leben führen. Soll es dazu kommen, so muß sich der Mensch mit Gott versöhnen und die Gnade des höhern

Beistandes haben. Dieß ist nur zu erlangen durch Jesus Christus, und zwar in der von ihm gegründeten Kirche vermittelst seiner Sacramente. Davon will man aber in der Freimaurerbude nichts wissen, und betäubt das Gewissen mit geschwollenen Deklamationen von Licht und Humanität, mit üppigem Schmaus und Selbstanbetung.

Da ich in dem „Mörtel" eine ganze Menagerie von inländischen und ausländischen Thieren zum Zweck der Vergleichungen aufgeführt habe, so soll auch der „Akazien-Zweig" mit Animalischem belebt werden. Im Thal Josaphat bei Jerusalem ist eine ansteigende Bergseite ganz dicht belegt mit großen Steinplatten, unter welchen Juden beerdigt liegen. Auf diesen Gräbern und Grabsteinen kriecht eine große Menge wurmartiger Thiere, Tausendfüße, herum. Dieselben sind vier bis fünf Zoll lang, ziemlich dick, kohlschwarz und glänzen wie ein frisch gewichster Stiefel. Ihr Anblick hat etwas Unheimliches, obschon man am Tag nichts Bösartiges an ihnen bemerkt; Nachts aber kriechen sie an den Menschen und ihr Biß oder Stich soll sehr bösartig sein. Die Soldaten in der Krim fürchteten sich mehr davor, als vor Bajonnet und Kugel in der Feldschlacht am Tag. Ein ähnlich unheimliches Gefühl erwecken bei jedem gläubigen Christen die Freimaurer, mögen sie sonst noch so glänzen; und ich bin überzeugt, daß schon manchem neu aufgenommenen Ordensbruder, der das Christenthum meinte beibehalten zu können, es zuweilen selber unheimlich geworden ist, nicht sowohl vor dem abgeschmackten „Fürchten-machen" *), als vielmehr in der Tiefe des Gewissens.

5. Lüge und Wahrheit.

Mancher wird Freimaurer, lediglich weil ihm weiß gemacht wird, er werde in seinem Geschäft gefördert werden, und weil er es glaubt. Manche werden aber auch Freimaurer, weil sie meinen, die Freimaurerei habe zum Zweck das Wohl der Menschheit. Ist es sehr oft nicht wahr, daß der Geschäftsmann durch die Freimaurerei besser vorwärts kommt, so ist es noch viel weniger wahr, daß die Freimaurer ernstlich und gründlich um Menschenwohl sich kümmern. Schwätzen mögen sie fleißig davon, und feuern d. h. trinken auch darauf; aber daß wirklich Menschenwohl durch sie gedeiht, davon weiß die Geschichte und Erfahrung nichts.

Das nun, was die Freimaurerei scheinheilig der Welt gegenüber als ihren Zweck und ihre Arbeiten vorgibt, das geschieht in Wahrheit und in allen Beziehungen durch einen ganz andern Männerverein, welcher in einigen tausend Zweigen über ganz Europa und Nordamerika verbreitet ist, welche auch alle mit einander in Verbindung stehen, wie die Freimaurerlogen, nur aber

---

*) In der Loge zu Straßburg ist z. B. eine Kammer, über welcher geschrieben steht: „Wer sich noch fürchten kann, trete hier zurück." Was ist nun hier das Schrecklichste der Schrecken? — ein läppisches Komödiantenstück: es steht nämlich hinter einem Eisengitter ein Todtengeripp mit ausgestrecktem Arm!

in wahrer brüderlicher Einigkeit. Diese Vereine kommen auch jede Woche einmal zusammen, sie haben auch ihren Vorstand und Vicevorstand, ihren Sekretär und ihren Einnehmer, einen Bibliothekar u. s. w. Aber sie „ar=
beiten" nicht in Freimaurerart, d. h. sie essen und trinken und gaukeln nicht, und führen keine Schwindel= reden, wie die Freimaurer, sondern sie fangen ihre Ver= sammluug mit einem kurzen Gebet zum hl. Geist an und damit, daß Jeder etwas in die Kasse legt, und daß der Präsident etwas Erbauliches vorlesen läßt.

Was thun diese Männer beisammen? (ihre Ver= sammlung heißt man Conferenzen.) Sie wollen einig und kräftig christliche Nächstenliebe ausüben. Jedes Mit= glied hat die Aufgabe, gleichsam auf die Jagd zu gehen, nämlich Nothleidende aufzusuchen, ihre Bedürfnisse ken= nen zu lernen, durch Wort und That Hülfe zu leisten, und in der Wochenversammlung darüber zu berichten, und Anträge zu machen, in welcher Weise gründlich und nachhaltig Hülfe geleistet werden könne.

Es sind die Vincenzvereine; diese wollen die christ= liche Liebe nach allen Beziehungen hin ausüben; ihre Thä= tigkeit erstreckt sich deßhalb sowohl auf geistliche als auf leibliche Werke der Barmherzigkeit. Daher suchen die Vin= cenzvereine dem Armen nicht nur die nöthige Nahrung zu verschaffen, sondern auch Arbeit, damit er sein Brod ver= dienen könne; wo Unordnung im Hauswesen, Verwahr= losung und Uebelstände in der Kinderzucht ist, suchen sie Ordnung herzustellen durch Belehrung und Zureden. Ar= men Kindern verschaffen sie nicht nur die nöthige Kleidung, sondern suchen dieselben auch in christlichen Familien oder

Erziehungsanstalten unterzubringen, wenn sie zu Haus dem Verderbniß ausgesetzt sind. Sie sorgen bei dem Kranken nicht nur für leibliche Pflege, sondern leiten ihn auch durch Zuspruch und Vorlesen an, seine Krankheit christlich zu tragen. Wie der Heiland selbst die Krankenheilungen und andere Wohlthaten nicht bloß ausgeübt hat, um leiblich wohlzuthun, sondern zum Zweck, damit das Herz der Empfänger seiner Lehre sich öffne und er sie auch an der Seele heile: so wollen auch die Mitglieder der Vincenzvereine dem Herrn hierin nachfolgen, d. h. sie wollen besonders auch deßhalb leibliche Werke der Barmherzigkeit ausüben, damit der arme Mensch willig werde, auch sittlich und religiös sich helfen zu lassen. Daher suchen die Vincenzvereine Feindschaften zu versöhnen, Zwistigkeiten in den Familien zu schlichten, unsittliche Bekanntschaften entweder aufzulösen oder den betreffenden Personen zur Verehelichung zu verhelfen; üble Gewohnheiten zu beseitigen; solche Menschen, die Gottesdienst und hl. Sacramente vernachlässigen, wieder zu ihren religiösen Pflichten zurückzuführen. Ueberhaupt überall, wo Gelegenheit ist, christlichen Geist und christliches Leben und den damit verbundenen Segen zu fördern, besonders bei den Armen, da finden sich die Mitglieder des Vincenzvereines ein.

Die Mitglieder des Vincenzvereines stehen auch darin im Gegensatz mit den Freimaurern, daß alles Großthun vor der Welt mit ihren Wohlthaten ihnen streng verboten ist. Jene wollen nicht persönlich gelobt werden, sondern der himmlische Vater soll durch ihre Guttaten verherrlicht werden. Sie weisen den Dank, welchen man ihnen sagt, zu Dem, der den Wohlthäter nur als seine lebendige Hand gebraucht, zu Gott, der als Vater dem Wohlthäter die Gabe, als Sohn das Gebot und als hl. Geist den Antrieb gegeben, dem Nothleidenden Hülfe zu bringen.

Die Vincenzvereine sind zugleich mit der großen katholischen Kirche eng verbunden; sie wollen getreue, regsame Glieder der Kirche sein; deßwegen haben sie auch das Gutheißen und den Segen des Oberhauptes der Kirche. Die Vereine der verschiedenen Länder in Europa stehen auch, wie die Freimaurer, mit einander in Verbindung und haben einen Obern; allein hier ist nicht, wie bei den Freimaurern, Vaterlandsverrath zu befürchten, da alle Politik hier ausgeschlossen ist, und nur die Ausübung christlicher Liebe Gott zu Ehren gesucht wird. Außer der Bauchdienerei, welche bei den Freimaurern fleißig geübt wird, und wovon die Vincenzvereine nichts wissen, besteht noch ein anderer großer Unterschied. Die Freimaurerei schwätzt von Brüderlichkeit und Humanität *), zeigt aber gerade dadurch ihre entschiedene Abkehr von wahrem Christenthum, daß sie nichts von armen Leuten wissen will; diese werden

---

*) Was soll denn das kindische Dölchlein bedeuten und die Spielerei mit Degen in der Freimaurerbude? Ist bleß ein Symbol von Nächstenliebe und von Eifer, die Menschheit zu beglückseligen? Freilich ist es gerade nicht so bös gemeint; der Freimaurer-Philister will nur ohne Gefahr auch die Werkzeuge der Tapferkeit anrühren und anhängen, und wenn er „gefeuert hat mit starkem Pulver" auch noch sanften Schauder vor sich selbst als blutdürstigen fürchterlichen Bruder empfinden; der Kühne!

nicht aufgenommen als Mitglieder; hingegen nach denen, welche Geld und Einkommen oder Einfluß haben, nach denen lechzt, wedelt, angelt und keilt die Freimaurerei. Der Vincenzverein hingegen nimmt nicht die geringste Rücksicht auf Rang und Vermögen; da gilt der arme Bürger, ja selbst der Handwerksgeselle, welcher eintreten will, gerade so viel, als der reiche Kaufmann und der Baron oder Graf. Hier ist die Gleichheit und Brüderlichkeit, wie sie das Christenthum will und unter Christen wirklich herstellt.

Diese Vincenzvereine sind es, wohin sich der christliche Mann jeden Standes wenden mag, wenn es ihm redlich um Menschenliebe und Wohlthätigkeit zu thun ist. — Hier verdirbt sein Glaube und seine Religiosität nicht, wie in der Freimaurerbude, sodann wachst und wird stark. Hier wird nicht, wie bei der Freimaurerei, viel Geld verschlemmt, und wenig oder nichts für Nothleidende gegeben; was jedes Vincenz-Mitglied geben kann und mag, davon wird kein Kreuzer für den eigenen Leib verwendet, sondern Alles nur für Werke der Barmherzigkeit.

Daher mag man wohl vom christlichen Standpunkt aus sagen: Der Charakter und die Thätigkeit der Freimaurerei verhält sich zum Charakter und zur Thätigkeit der Vincenzvereine, wie die Frucht des wilden Kastanienbaumes zur Frucht des ächten Kastanienbaumes. Jener blüht mit großem rothem und weißem Blüthenstrauß; die Frucht wird groß, die Hülse fleischig — wer aber jene Roßkastanien ißt, bekommt das Brechen und üble Zustände. Die Blüthe des ächten Kastanienbaumes hingegen ist farblos und bescheiden, wie die Blüthe der Rebe; die Hülse der Frucht ist stachlicht, die Frucht aber höchst nahrhaft, gesund und angenehm.

Es kann deßhalb in solchen Städten, wo zugleich eine Freimaurerbude und ein Vincenzverein ist, jeder Mann sich daran schon selbst erkennen, wie es mit seinem Christenthum und seiner Humanität aussieht, je nachdem er sich in die Heerde der Freimaurer einreiht, oder ob er vorzieht, an dem Vincentiusverein Theil zu nehmen.

6. Freimaurer und Jesuiten.

Ich habe durch die Zusammenstellung der Vincenzvereine mit der Freimaurerei gezeigt, wie die wohlthätigen Leistungen der Freimaurerei für die Menschheit meistens aus Seifenblasen schöner Redensarten von Humanität, Menschenliebe u. dgl. bestehen, während die Vincenzvereine in Wahrheit gar nichts Anderes thun, als Wohlthätigkeit nach Kräften ausüben, geeint, geordnet und still. Ich will aber auch die Methode, die Verfahrungsweise der Freimaurer in ihren Angelegenheiten wieder durch einen Vergleich beleuchten. Nämlich alles Schlimme, welches triviale Zeitungen verleumderischer Weise dem Jesuitenorden zuschreiben und bornirte Menschen leichtsinniger Weise glauben, wird in Wahrheit nirgends mehr ausgeübt als bei den Freimaurern. Man sagt z. B., es sei ein jesuitischer Grundsatz, daß der Zweck das Mittel heilige, d. h. man dürfe etwas Sündhaftes thun, z. B. lügen, betrügen, um etwas Gutes zu stiften.

Es ist aber die gröbste Verleumdung, solches den Jesuiten nachzusagen, und in den vielen tausend Büchern, welche die Jesuiten geschrieben, findet sich nirgends dieser Grundsatz ausgesprochen; es ist sogar schon ein hoher Preis darauf gesetzt worden, wenn Jemand diesen Grundsatz in irgend einem Buche nachweise, das von Jesuiten verfaßt ist. Hingegen bei den Freimaurern wird dieser Grundsatz prakticirt, nur mit dem Unterschied, daß nicht nur das Mittel, sondern auch der Zweck unheilig ist. Der Freimaurer Schubart schreibt an den Baron von Hirschen (abgedruckt in dem Buch „Kryptokatholicismus von J. A. Stark): „Erfahren Sie, daß ich im Orden fast ein halbes hundert Eide geschworen und etliche dreißig Grade von allerlei Freimaurersekten habe, und überall Unzulänglichkeiten, mit einem Worte: Wind und Betrug fand." Dieser Wind und Betrug besteht in den Verheißungen, womit die Freimaurer Männer von Vermögen, Talent oder Einfluß zu locken suchen; ferner in den Reden vom Weltenbaumeister und allgemeiner Menschenliebe, womit sie die Zerstörung des Christenthums und des christlichen Gewissens zu verkleistern suchen; ferner in der unsittlichen Zumuthung durch Eid oder Gelübde sich zu binden, Obern und Gesetzen zu gehorchen, die dem Neuling, welcher in die Freimaurerei sich aufnehmen läßt, verborgen werden; ferner in den Fabeln und dem Unsinn, womit sie die erlogene Geschichte der Freimaurerei interessant und wichtig zu machen suchen; ferner in dem vielen Geschwätz von Licht, Aufklärung und Orient, während in der Freimaurerbude darauf abgehoben ist, mehr und mehr das wahre Licht des christlichen Glaubens auszulöschen. (Die erleuchteten Freimaurerbrüder werden deßhalb mit Recht von Erich Servati (Sautier) eine Nachteulenzunft geheißen; sie haben demgemäß nicht nur eine schwarze Kammer, sondern auch Vorrichtungen, wodurch sie künstlich den Tag zur Nacht machen.) Ferner in dem Vorgeben der Wohlthätigkeit, während das viele Geld, welches die Brüder bei der Aufnahme und andern Gelegenheiten in der Bude lassen müssen, größtentheils zu Prunk und Luxus und üppigem Schmaus verwendet wird.

Man wirft ferner den Jesuiten vor, sie sähen bei all' ihrem Thun und Lassen nur auf den Vortheil ihres Ordens. Daß der Jesuit seinen Orden liebt, ist wahr und ist ein Zeichen, daß der Orden den Bedürfnissen religiöser thätiger Priester entspricht. Aber die Aufgabe und Thätigkeit des Ordens ist keine andere, als die, welche die lehrende Kirche überhaupt hat, nämlich alle Kräfte aufzubieten, um katholischen Glauben und katholisches Leben zu fördern und zu verbreiten. Der Jesuitenorden ist aber ganz besonders zweckmäßig organisirt, um tüchtig und kräftig in das Volk einzugreifen und für die katholische Kirche zu wirken. Er ist gleichsam ein Garderegiment der katholischen Kirche. Deßhalb wird Niemand mehr von den Feinden der katholischen Kirche und besonders von den Freimaurern gehaßt und verleumdet, als gerade die Jesuiten *); und darum

---

*) Ich habe schon gehört und es hat sich durch ein auffallendes Beispiel bestätigt, daß dem Freimaurer höhern Grades verboten ist, mit einem Jesuiten zu reden.

freuen sich eifrige katholische Seelsorger, wenn sie zur Mission oder geistlichen Aushülfe Jesuiten bekommen können; sie beeinträchtigen den Weltpriester nicht, sondern leisten ihm wirksamen Beistand.

Gerade nun dieser Vorwurf, welcher ungerechter Weise den Jesuiten gemacht wird, trifft die Freimaurer in vollem Maße. Sie beeinträchtigen die ganze bürgerliche Gesellschaft, welche sich ihnen nicht anschließt oder nicht anschließen kann, wie z. B. der ärmere Gewerbsmann, der nicht 50 Gulden Aufnahmsgeld zu zahlen vermag. Denn der Freimaurer sucht Arbeit, Verdienst, Beförderung nur dem Freimaurer zuzuwenden, so daß der Gewerbsmann, welcher Freimaurer ist, die Kundschaft sämmtlicher Freimaurer hat und nebenbei auch noch die Kundschaft anderer Leute, welche nicht wissen, daß jener Freimaurer ist, oder hierin gleichgültig sind. Wenn Freimaurer zuweilen auch bei einem Andern, der nicht in die Bude gehört, etwas bestellen oder kaufen, so geschieht es höchst wahrscheinlich in der Absicht, diesen dadurch zu locken und zu ködern, daß er auch Freimaurer werde. Es wäre deßhalb kein Unrecht gegen die Freimaurer, wenn Jedermann sich hüten würde, bei einem solchen etwas zu bestellen oder zu kaufen, damit nicht Gewerbsleute, die nichts mit dieser verdächtigen Gesellschaft zu thun haben, Schaden leiden. Wollen die Freimaurer nur ihre Spieß- oder vielmehr Schurz-Gesellen begünstigen, so sollen die andern Leute auch nur solche begünstigen, welche nicht als Freimaurer anrüchig sind.

Nun wird aber besonders oft von Freimaurern hervorgehoben, daß selbst ein Papst den Jesuitenorden aufgehoben habe; dieser Papst Clemens XIV. wird deßhalb auch in einer Freimaurerrede, die ich gelesen, der „heilige Ganganelli" genannt. Es mag solchen Lesern, welche die Wahrheit den Vorurtheilen vorziehen, interessant sein, zu erfahren, wie es sich mit dieser Aufhebung verhalten hat.

Die erste französische Revolution ist vorbereitet worden durch eine Anzahl von Männern, welche das Christenthum, ja selbst den Glauben an Gott auszurotten suchten, durch die sogenannten Encyklopädisten. Diese Männer erkannten wohl, daß die tüchtigsten Vertheidiger des Christenthums in jener Zeit die Jesuiten seien; darum wollten sie vor Allem diesen Orden aus dem Wege räumen. Das gewöhnliche Mittel gewissenloser Menschen wurde fleißig in Anwendung gebracht, es wurden eine Menge kleine Schriften verbreitet, welche angefüllt waren mit Verleumbungen und falschen Anschuldigungen gegen die Jesuiten. Ja es wurde sogar öffentlich Geld angeboten für solche, die gegen die Jesuiten schreiben. Insbesondere hat auch eine von der katholischen Kirche abgefallene Sekte, die Jansenisten, den Encyklopädisten geholfen, gegen die Jesuiten aufzuhetzen. Der berüchtigte d'Alembert schreibt an den „geliebten Antichrist" Voltär: „Legen wir ja den jansenistischen Spinnen keine Hindernisse in den Weg, die Jesuiten aufzufressen; sind diese einmal vertilgt, dann wird die jansenistische Canaille von selbst ihres schönen Todes sterben." Dazu kam dann noch die mächtige Hülfe des ungläubigen Ministers Choiseul und der Mätresse des Königs Ludwig XV., der lasterhaften Pompadour; letztere war voll Haß gegen die Jesuiten erfüllt, weil ihr ein solcher erklärte, daß er ihr die Absolution nicht geben könne, so lange sie den königlichen Hof nicht verlasse. Auf Betrieb dieser mächtigen Feinde wurde der Orden der Jesuiten von dem Parlament in Paris aufgehoben, ungeachtet fast alle Bischöfe mit der niedern Geistlichkeit sich kräftig für denselben ausgesprochen hatten. Dabei wurde mit einer solchen Tyrannei verfahren, daß die Jesuiten nicht einmal zur Aushülfe in der Seelsorge verwendet werden durften, wenn sie nicht einen Eid schwören würden, daß ihr Orden verwerflich und strafbar sei. Es wurde streng verboten, die Jesuiten zu vertheidigen; selbst der Erzbischof von Paris war daselbst nicht mehr sicher, als er die Jesuiten in einem Hirtenbrief gelobt hatte; und ein Jesuit und ein Weltpriester wurden gehenkt, weil sie das heilige Gesetz des Parlamentes übertraten, nämlich die Jesuiten vertheidigt hatten.

Schon vorher war es den Jesuiten ebenso in Portugal ergangen. Hier ließ sich der ohnedieß unsittliche König Joseph I. ganz verblenden und regieren von einem ruchlosen Mann, dem Minister Pombal. Dieser huldigte der Aufklärung und übte eine solche Tyrannei, daß die Gefängnisse nicht mehr ausreichten und über 9000 Menschen aller Stände seinem Haß und seiner Habsucht geopfert wurden. Daß ein Mensch, welcher ganz aufgeklärt, d. h. ungläubig ist, und alles Recht und Gerechtigkeit mit Füßen tritt, die Jesuiten zu vertilgen suchte: ist ganz natürlich. Pombal ängstigte den König damit, daß eine Partei ihn vom Thron stürzen und seinen

Bruder Don Pedro erheben wolle, die Jesuiten seien aber Freunde desselben. Dann besoldete er gewissenlose Menschen, insbesondere einen wegen Liederlichkeit aus dem Orden gejagten Erkapuziner, Namens Parisot, und einen abgefallenen Jesuiten, Ibagnez, welche Schmähschriften gegen die Jesuiten verfassen mußten, und gab solche dem König zu lesen. Er sandte derartige Schriften auch in alle Länder, wo Jesuiten waren, selbst an den Kaiser in China. Als dann ein portugiesischer Herzog auf die Folter gebracht und ohne ordentlichen Proceß hingerichtet wurde, vorgeblich wegen eines Mordversuches gegen den König, so benützte Pombal diesen Umstand, um einige Jesuiten des Einverständnisses zu beschuldigen und den ganzen Orden zu unterdrücken. Die Obern und vornehmsten Mitglieder ließ er ohne allen Proceß in schauerliche Kerker werfen; die übrigen zusammentreiben und zu Schiff ganz hülflos an den Ufern des Kirchenstaates aussetzen, um, wie er sagte, „dem hl. Petrus damit ein Geschenk zu machen." Der König, welcher ebenso bethört als unsittlich war, willigte dazu ein.

In Spanien war der bisherige König von Neapel, Karl III., ein Bourbon, 1759 auf den Thron gekommen. Derselbe hatte ausländische Minister, welche durch gewaltthätige Verordnungen und hohe Steuern das Volk zu einem Aufstand reizten. Die aufgebrachte Menge zog vor den königlichen Palast und begehrte die Entlassung der Minister. Der König gab nach, worauf das Volk ihm ein Vivat brachte, aber auch den Jesuiten, welche die Leute von Gewaltthätigkeiten durch ihr Zureden abgehalten hatten. Dieser Umstand wurde von den Feinden der Jesuiten benützt, um den König glauben zu machen, die Jesuiten hätten den Aufruhr angestiftet. Dieß reichte aber nicht hin, sondern der Minister Aranda, welcher die nämlichen Gesinnungen wie der Franzose Choiseul und der Portugiese Pombal hatte, ließ ein Paket voll fälscher Briefe, die er selbst hatte verfassen lassen, und in welchen Hochverrath gegen den König enthalten war, in das Jesuitencollegium bringen, und gleich darauf, bevor es die Jesuiten nur gelesen hatten, von der Polizei in Beschlag nehmen. Diese Briefe legte er dem König dann vor, welcher ganz wüthend darüber in Alles einwilligte, was die Bosheit des Ministers in Vorschlag brachte. Die Jesuiten wurden plötzlich ohne alle Untersuchung im ganzen Königreich wie Verbrecher gefangen genommen, alles Eigenthums beraubt, auf Schiffe gepackt, nach Italien geschleppt und ihnen unter Todesstrafe verboten, den spanischen Boden zu betreten. Sie haben ein Schicksal durchmachen müssen, wie die Christen der ersten Zeit unter den Heiden.

In ähnlicher Weise wurden durch einen gewaltthätigen Minister in Neapel und Sicilien die Jesuiten ohne allen Rechtsgrund beraubt und aus dem Land geschafft. Sodann hat Papst Clemens XIV. (Ganganelli) förmlich den Jesuitenorden aufgehoben. Allein er hat dieß nicht gethan in Folge gründlicher Untersuchung, sondern geängstigt und gedrängt von den fürstlichen Höfen; statt ein felsenfestes „non possumus" (wir können nicht) entgegenzusetzen, sprach der Papst die Aufhebung des Ordens aus gegen alle kirchliche Ordnung, ohne Proceß und förmliches Urtheil. Papst Pius VII. hingegen, welcher selbst dem gewaltthätigen Napoleon I. sich nicht beugte, hat den Jesuitenorden wieder eingesetzt. Was ich hier Geschichtliches über denselben gebracht habe, ist ausführlich und gründlich nachgewiesen in dem Buch von Dr. Riffel: Die Aufhebung des Jesuitenordens. Mainz 1855.

Bekanntlich ist in neuerer Zeit der Jesuitenorden aus der Schweiz ausgetrieben und zugleich grobes Unrecht und Gewaltthätigkeit gegen katholisch gesinnte Kantone ausgeübt worden. Merkwürdig hiebei ist, daß die vier katholischen Fürsten, deren Gebiet an die Schweiz grenzt und deren Beruf es gewesen wäre, die Katholiken in der Schweiz gegen die gewaltsame Unterdrückung zu schützen, sämmtlich in die Lage kamen, lebendigen Leibes vom Thron zu steigen, nämlich die vormaligen Könige von Frankreich, von Savoyen, von Baiern und der Kaiser von Oesterreich.

Wenn man nun all' diese grimmigen Verfolger der Jesuiten ansieht: die Gottesläugner und Encyklopädisten in Frankreich, die Ehebrecherin Pompadour, den Minister Choiseul, den großen Sünder König Ludwig XV., den abscheulichen Tyrannen Pombal, den unsittlichen König Joseph Manuel, den liederlichen Mönch Parisot, den teuflischen Verleumder Aranda, so wird das eben auch seine Bedeutung haben, daß Niemand heutigen Tages den Jesuiten aufsätziger ist, als gerade die Freimaurer. Es legt sich die Vermuthung nahe, daß die Freimaurer einen ähnlichen Glauben und Gesinnung haben, wie jene großen Herren und Damen, und eben deßhalb in ihrem Haß gegen die Jesuiten ganz einig sind. Schon daraus läßt sich abnehmen, was für ein Geist in der Freimaurerbude haust. Hingegen haben nicht nur wahrhaft fromme Fürsten, wie z. B. Maria Theresia, sich thatsächlich um die Jesuiten angenommen und sie gegen ihre Feinde vertheidigt, sondern auch solche, die durch großen Verstand sich ausgezeichnet haben, z. B. König Heinrich IV. von Frankreich, Friedrich II. in Preußen und die russische Kaiserin Katharina. Diese Fürsten haben nicht auf dem Thron geschlafen und nach Belieben die Minister kutschiren lassen; und gerade diese haben erkannt, daß die Jesuiten heilsam im Lande wirken.

Diesen Haß der Freimaurer und ihrer Anverwandten gegen die Jesuiten finde ich übrigens ganz natürlich. Der Jesuit bringt Jahre lang im Noviziat zu, um vor Allem an seiner eigenen Seele zu arbeiten und Sünde und Welt darin abzutödten; er muß sehr lange und gründliche Studien machen, um seinen Geist auszubilden und reiche Kenntnisse zu sammeln; gehorsam wie der Soldat begibt er sich auf den Posten, der ihm angewiesen wird, und sucht bei seinen Arbeiten nichts für seine eigene Person, sondern nur für Gottes Ehre und das Heil der Seelen; denn er hat keine weltliche Aussicht, indem es den Jesuiten durch ihre Ordensregel verboten ist, Ehrenstellen anzunehmen oder Bischöfe zu werden. — Hingegen ihr habt euern Noviziat in der Welt gemacht, in Bier- und Kaffeehäusern, auf Tanzböden und in Theatern; euere Studien machet ihr in Romanen und in religionsfeindlichen Zeitungen; während der Jesuit schon längst dem Gebet und der Betrachtung sich hingibt, oder im Beichtstuhl oder im Lehramt thätig ist, so liegt ihr im Bett noch halbbetäubt vom spätnächtlichen Tabaksdampf. In dem Jesuiten ist äußerst bestimmt und scharf die katholische Religion ausgeprägt, und bei einem Großtheil der Freimaurer ist recht ausgebildet der Geist der Welt, nämlich Unglaube, Fleischeslust, Augenlust und Hoffart des Lebens. Darum seid gerade ihr und eure Vettern den Jesuiten gegenüber die Welt, und erfüllet heutigen Tages noch ihnen gegenüber das Wort desjenigen, dessen Namen die Jesuiten tragen (Joh. 15, 18 und 19.): „Wenn euch die Welt haßt, so bedenket, sie habe mich noch früher als euch gehaßt. Hieltet ihr es mit der Welt, so würde sie euch als ihresgleichen lieben; da ihr es aber nicht mit der Welt haltet, und ich euch von der Welt ausgesondert habe: so haßt euch beßwegen die Welt."

Selbst Gegner der Jesuiten gestehen zu, daß dieser Orden durch glänzende Talente, eiserne Willenskraft, Beharrlichkeit, Ausdauer, rastlose Thätigkeit, Freiheit von persönlicher Selbstsucht, sich auszeichne. Was ist denn von all' diesem bei den Freimaurern zu finden, bei diesem pythagoräischen Tugendbund? Zahllos viele Jesuiten haben schon ihre Heimath verlassen, um in allen Welttheilen unter furchtbaren Entbehrungen und Beschwerden, unter täglicher Lebensgefahr wilde Nationen menschlich und christlich zu machen. Was haben denn die Humanitätsschwätzer, die Freimaurer, schon für die Menschheit gethan und geopfert? Hat auch nur ein Einziger von ihnen schon sein Blut vergossen für seine Ueberzeugung, während der Jesuitenorden reich ist an heldenmüthigen Martyrern?

Und gerade dieser Orden wird mit besonderem Ingrimm unaufhörlich verleumdet und gelästert, alle längst widerlegten Lügen werden immer auf's Neue gedruckt als ausgemachte Wahrheit. In teuflischer Bosheit wird das Schlechte, Falsche „jesuitisch" genannt; und der Name „Jesuit" gilt als Schimpfname, wie einst bei den Heiden der Name „Christ" ein Schimpfname war. Ein großer Theil lästert über die Jesuiten nur aus Haß gegen die katholische Kirche, weil dieselben schon Großes geleistet haben zur Erhaltung und Verbreitung des katholischen Glaubens. Ein noch größerer Theil, und unter diesen auch viele Katholiken, schimpft gegen sie aus Aberglauben; sie haben allerlei Lügen gegen die Jesuiten von den Feinden der katholischen Kirche gedruckt gelesen, glauben es blindlings und tragen es leichtsinnig und gewissenlos weiter. Hingegen der Freimaurer wird ungeachtet seiner Hehlerei und seines zweideutigen Gebahrens von der Welt noch für einen Ehrenmann angesehen, während ein abgewässerter Freimaurer nicht werth ist, einem ordenstreuen Jesuiten die Schuhriemen aufzulösen. Dieß ist meine Ueberzeugung und mein Bekenntniß.

7. Provisorischer Schluß.

Kürzlich starb der oberste Häuptling der Freimaurer in Belgien, der Advokat Verhaegen. Er war nach Italien gereist, um dort, wo gerade das Wasser von der jahrelangen Wühlerei besonders trüb ist, Geschäfte zu machen in der Freimaurerei. Von der Rückreise brachte er eine Halsentzündung heim, welche ihn dann zu tobt gewürgt hat. Eine belgische Zeitung (Journal de Bruxelles) erzählt Folgendes: „Am Grab trat H. Thiefry an den Rand des Grabes und sprach: „Verhaegen, du hast mir einen Auftrag anvertraut! Ich habe ihn getreu bis zum Ende ausgeführt. Ruhe nun im Frieden! Möge dir diese Erde leicht sein!" Wie einer der Vögel von schlimmer Bedeutung, welche über den Kirchhöfen schweben, so haben H. Thiefry und ihm zur Seite die Herren Schoor und Hochstein, die falschen Freunde des H. Verhaegen, um sein Todbett und seine Familie gelungert. H. Verhaegen war der Sohn einer frommen und heiligmäßigen Mutter, welcher er bei ihrem Ende versprochen hatte, die Freimaurerei zu verlassen und zur katholischen Religion zurückzukehren. Wer hat nun ihm, sowie seinen Angehörigen, die Freiheit genommen, seinem Gewissen zu folgen, seine heiligen Verpflichtungen zu erfüllen?"

„Allgemein hat man die Herren Thiefry, Schoor und Hochstein genannt. Sie behielten ihr Schlachtopfer stets unter den Augen, waren bewaffnet mit einem Testament, welches die Kinder ihres Freundes mit Enterbung bedrohte; diese menschenliebenden Freimaurer üben im letzten Augenblick an einem sterbenden Menschen eine geistige Gewaltthätigkeit aus ohne Beispiel. Die bekannten Gesinnungen der Mutter, der Gemahlin und der Kinder des Verstorbenen sind empört gegen diese Gewaltthätigkeit, welche wir geradezu eine verbrecherische zu nennen uns nicht scheuen."

„Kürzlich hat sich in Brüssel am Todbett eines hohen Beamten des Cassationshofes ein fürchterlicher Kampf erhoben, gleichfalls durch den Einfluß der Freimaurer. Die Tochter will den Vater retten und ihm die letzte Hülfe der Religion verschaffen; der Sohn widersetzt sich; er ist auch versehen mit einer schriftlichen Erklärung, worin der Sterbende erklärt, außerhalb der katholischen Kirche sterben zu wollen, der auf solche Art auf das kostbarste aller Güter, auf die Freiheit, verzichtete und sein ewiges Schicksal durch die engen Banden eines verkehrten Willens fesselte. So verblendet dieser Sohn auch war, so schwer auch seine Schuld ist, indem er das gesetzliche Recht seiner Schwester, ihren Vater zu retten, gewaltsam unterdrückte: so finden wir eben doch hier nur Kinder im väterlichen Haus."

„Hingegen sehen wir das Haus des H. Verhaegen von Auswärtigen überfallen, von falschen Freunden, welche mit Verachtung aller Sitte und Anstandes sich aufdrängen, befehlen, herrschen, und die, nachdem sie das Schlachtopfer ihrer Leidenschaft und ihres Religions= hasses in den Abgrund gestürzt haben, sich zurückziehen mit jenen grausamen Worten: „Wir haben unsern Auftrag erfüllt."

„Euern Auftrag erfüllt", sagt ihr? Wer hat euch denn den Auftrag geben können, euern Bruder der letz= ten Tröstungen der Religion zu berauben und ihn von Gott zu trennen? Diese Berechtigung habt ihr nicht, es sei denn, daß ihr euern Auftrag vom bösen Geist bekommen habt."

Auf diese Weise ist also der Freimaurer gestorben,

abgesperrt von allem religiösen Beistand in dem Augenblick, der für alle Ewigkeit entscheidet; „wie der Baum fällt, so liegt er", sagt die hl. Schrift. Eine andere Zeitung (l'Union) berichtet, was dann dem Leichnam für Ehre angethan worden sei. Es seien der Präsident der Ständeversammlung, der Bürgermeister von Brüssel, der Rektor der Universität, der Vorstand der Advokaten und der Vicegroßmeister der belgischen Freimaurer gekommen, und hätten vor dem Leichnam Jeder „eine Rede gethan." Wahrscheinlich haben sie ihn heilig und selig gesprochen, und da wird es der armen Seele nicht gefehlt haben! Bei dem Leichenbegängniß selbst seien aber die Freimaurer mit ihren Abzeichen öffentlich aufgezogen. Hingegen durfte kein Priester die Leiche begleiten, denn die Kirche drängt sich nicht dem Leichnam eines Menschen auf, der sich zu Lebzeiten stets die Kirche vom Leib gehalten hat. Verhaegen war aber bis an's Ende, öffentlich ausgesprochen, Präsident aller Freimaurer, welche in Belgien noch insbesondere durch die dortigen Bischöfe excommunicirt sind. Somit konnte er so wenig ein kirchliches Begräbniß bekommen, als ein Selbstmörder, der nicht durch Geistesstörung entschuldigt ist. Statt des Gebetes hat dann zu allerletzt noch ein Lehrling oder Fuchs der Freimaurer, Namens Hektor Denis, die große Trommel gerührt und hat den Sarg anteklamirt und herrlich gesprochen von Freiheit des Gedankens, Geisteskampf, freier Forschung, Banner des Fortschrittes, Bund mit der Freiheit, erhabenem Tod, Prinzipien, Huldigung und wie all' die Trompeter-Redensarten der Aufklärung heißen.

Wenn Mäuse, Würmer und anderes Ungeziefer sehr überhand nimmt, legt es seine gewöhnliche Scheu vor der Oeffentlichkeit ab, und lauft oder kriecht am hellen Tag den Leuten über den Weg. So scheinen auch die Freimaurer in Belgien der Art überhand genommen zu haben, daß sie ihr übliches Verstecken aufgeben, mit ihren närrischen Abzeichen selbst über die Straße laufen und bei einem Leichenzug in Masse hermarschiren. Es herrscht eben in der Menschenwelt ein ähnliches Naturgesetz, wie bei dem Ungeziefer. Wenn irgend eine nichtsnutzige Sorte stark anwachst, so wird sie frech und macht sich breit; und der Schwachkopf faßt ob dieses Anblickes großen Respekt; er meint, da getraue sich Tod und Teufel nicht, Einen um den Andern herauszufischen, sondern werden Reverenz machen und weiter gehen. Je bornirter ein Freimaurer ist, desto mehr beruhigt und tröstet ihn der Anblick der vielen herrlichen Brüder mit ihren Weisheitszeichen von Blech und Schafsleder *). Aber das Sterben und das Leichenbegängniß des Oberkommandanten der Freimaurer ohne christliches Zeichen sollte jeden Freimaurer, der noch eigentliche Religion hat, stutzig machen. Mancher, der mit der christlichen Religion noch nicht ganz zerfallen ist, meint, er könne zugleich Freimaurer und Mitglied seiner Kirche sein. Das ist ganz unrichtig. Allerdings

---

*) Eine Zeitung berichtet, daß das zuschauende Volk allgemein in Gelächter ausgebrochen sei, als bei dem Leichenzug die Freimaurerheerde in ihrem faßnachtmäßigen Aufzug, mit Bändern, Schürzen und allerlei Behäng einhergewandelt sei; es fehlte dem Anführer nichts als die Schelle.

geht mancher Freimaurer zur Beicht und wird kirchlich begraben, einfach deßhalb, weil der betreffende Geistliche nicht weiß, daß Jener Freimaurer ist. Wenn ein Freimaurer beichtet, so gibt er entweder an, daß er Freimaurer sei, oder er gibt es nicht an. Bekennt er solches, so erklärt ihm der Beichtvater, daß er ihm nur die Lossprechung ertheilen könne, wenn er die Freimaurerei gänzlich aufgebe, weil daselbst offen oder schleichend der katholische Glaube untergraben wird und weil die Kirche, welcher jeder Katholik Gehorsam schuldig ist, die Freimaurer mit Excommunication belegt, wenn sie starrsinnig dabei verharren. Sagt aber der Freimaurer nichts davon im Beichtstuhl, daß er dieser kirchenfeindlichen Sekte angehöre, so verschweigt er etwas, das zur Beicht gehört, und erschleicht die Absolution. Diese wird ihm deßhalb ungefähr so viel nützen, als wenn sich ein Jude in den Beichtstuhl geschlichen hätte und sein Sündenbekenntniß abgelegt, ohne dem Beichtvater zu sagen, daß er Jude sei.

Auf dem Sterbbett, in dem Sarg und vor dem Grab da hilft eben alle Freimaurerei so wenig, als dem königlichen Leichnam die fürstliche Pracht und Ehrenwache etwas hilft. Der Freimaurer mag von Unglauben betäubt, ungeplagt vom Gewissen verenden; seine Seele kommt aber vielleicht in einen Zustand, wo ihre Qual gerade noch grimmiger wird durch die Ehre, welche dem Leichnam angethan wird. Denn das Schrecklichste ist eben, verstockt und unerlöst von seinen Sünden in die Ewigkeit hinübergehen und vor ein Gericht treten, von welchem die hl. Schrift sagt: „Wenn der Gerechte kaum gerettet wird, wo wird der Ruchlose, der Sünder bleiben?" Der Freimaurer wirft aber mit dem Glauben den Schlüssel hinweg zur Thüre des Himmels; dieser Eingang ist eben die Kirche: domus Dei porta coeli.

Auf den amerikanischen Freimaurerdiplomen wird der Freimaurerwappen von zwei Teufeln gehalten, wie der württembergische Wappen von einem Hirsch und einem Löwen, oder der badische von zwei Greifen. Vielleicht wollten die Amerikaner-Maurer mit dieser Verzierung anzeigen, daß sie den Glauben an den Teufel gründlich überwunden haben, und sein Fell und seine Hörner als Siegeszeichen ihr Wappen verbrämen muß — oder wie die Straßburger- und andere Logen mit ihren Todtengerippen sich selber schaudern machen, so wollen vielleicht die Amerikaner mit Teufelsfiguren die Schauerlichkeit ihrer Geheimnisse damit andeuten. Unser Einer, der dem Teufel den Gefallen nicht thut seine Existenz zu läugnen, sieht in dem Teufelswappen eine unwillkürliche treffende Andeutung, woher die Freimaurerei kommt und wohin sie führt.

―――

Wenn der Freimaurer es bis zum Meistergrad bringt, so wird ihm bei der Aufnahme ein Akazienzweig gereicht, und zwar zur Erinnerung, daß (nach der kindischen Freimaurerfabel vom ermordeten Abon Hiram) ein Akazienzweig auf Hirams Grab gesteckt worden sei. Ob der neugeborne Meister daran riecht, oder die Mücken damit vertreibt, oder den Zweig nur still verehrt, das ist in den tiefsinnigen Ritualien der Freimaurer nicht aufgezeichnet. Diese kleine Schrift hat auch den Zweck, den Freimaurern, welche noch Sinn für die Wahrheit haben, zum Meistergrad zu verhelfen; daß sie nämlich aus dem bisherigen Nebel heraus zur Erkenntniß kommen, wo der rechte Weg und die rechte Thüre ist. Ich habe deßhalb dieses Blätterwerk Akazien=Zweig titulirt, zumal es ihm auch nicht an Dornen fehlt, d. h. manche Bemerkung darin stechen oder kratzen mag. Uebrigens sind diese Dornen so wenig giftig, als die Dornen an der Akazie; sie sind nämlich nicht aus Haß, sondern aus guter Laune hervorgetrieben. Ich bin nicht einmal denen bös, welche die verschiedenen Schimpfartikel geschrieben haben, denn ich finde es ganz natürlich, daß mir Leute nicht die Hand dafür küssen, wenn ich ihnen beiläufig eine Ohrfeige gegeben habe, um ihnen zur Besinnung zu verhelfen. Was ihr in meiner Schreibart grob und dergl. nennt, das ist bei mir geläufig auch ohne Zorn. Daß aber trotz meiner Herkunft aus dem Altbadischen und meiner langen Ansässigkeit im Breisgau dennoch von Badischer Bildung und von Breisgauer Feinheit keine Spur an mir zu finden ist, kommt wahrscheinlich von meinem Ultramontanismus und ist ein neuer Beleg, wie verderblich derselbe wirkt. Während ich im schwarzen Schatten desselben sitze, gedeihen im Volllicht Badischer Aufklärung die elegantesten Schriftsteller, so daß unser Land gegenwärtig davon wimmelt, wie ein Pfirsichbaum im Lenzmonat von „süßen blonden" Maikäfern.

Für Freimaurer aber, die genug Verstand und Muth haben ihre bisherige anrüchige Genossenschaft zu verlassen, und für Nicht-Freimaurer will ich gleichsam als Schlußpunkt und Streusand dieser Schrift noch die Aeußerung eines Mannes beifügen, welcher auch bei den Aufgeklärten seiner Zeit in großem Ansehen stand. Bischof Sailer sagt nämlich in Bezug auf die Freimaurerei: „Als Mensch gehöre ich der menschlichen Gesellschaft, als Bürger dem Staate, als Christ der Kirche an; niemals werde ich einer unbekannten, geheimen Verbindung mich anschließen!"